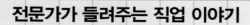

전문가가 들려주는 직업 이야기

최고의 수의사가
되는 방법

제스 프렌치 박사 글 솔 리네로 그림 박정화 옮김

바나나BOOK

최고의 수의사가 되는 방법

제스 프렌치 박사 글 · 솔 리네로 그림 · 박정화 옮김
처음 펴낸날 · 2024년 12월 10일
펴낸이 · 김금순
펴낸곳 · 바나나북
출판등록 · 제2013-000080호
주소 · 서울 광진구 천호대로 709-9 음연빌딩 2층
전화 · (02)716-0767   팩스 · (02)716-0768
이메일 · ibananabook@naver.com
블로그 · www.bananabook.co.kr

HOW TO BE A VET AND OTHER ANIMAL JOBS

First published 2021 by Nosy Crow Ltd of Wheat Wharf 27a Shad Thames · London SE1 2XZ, UK
Text Copyright © Jess French 2021
Illustrations Copyright © Sol Linero 2021
Translation Copyright © 2024 DNB Story Co. Bananabook
This translation of HOW TO BE A VET AND OTHER ANIMAL JOBS is published by arrangement with Nosy Crow
Limited through KidsMind Agency, Korea.
All rights reserved.

ISBN 979-11-88064-50-2 74190

• 바나나북은 크레용하우스의 임프린트이며 디엔비스토리의 아동 · 청소년 브랜드입니다.

| 차 례 |

수의사란 무엇일까?

사람처럼 동물도 때때로 병에 걸려요. 수의사는 아픈 동물을 치료하는 동물 의사예요. 수의사는 고양이와 햄스터부터 코뿔소와 플라밍고에 이르기까지 다양한 종류의 동물을 모두 돌봐요.

보통 **수의사**는 **동물병원**에서 일해요. 동물병원은 여러분이 아플 때 가는 일반 병원과 매우 비슷해요. **반려동물**이 **아플 때** 데려가는 곳이지요.

동물병원에 데려올 수 없는 동물을 돌보는 수의사도 있어요. 이런 수의사들은 동물이 사는 곳까지 직접 **방문**해요. 수의사가 자주 방문하는 곳으로는 **농장, 마구간, 동물원**이 있어요.

일부 수의사는 **야생 동물**을 돌보기도 해요. 야생 동물 치료를 위해 먼 길을 여행해야 하지요.

반려동물은 **언제든지** 아플 수 있으므로 주말과 야간에도 문을 여는 동물병원이 있어요.

수의사마다 사용하는 **의료기가 다를 수** 있지만, 모든 수의사가 사용하는 **기본적**인 의료기가 있어요.

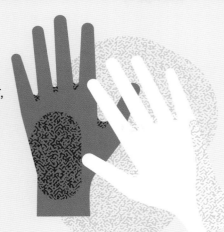

질병의 확산을 막기 위한 **의료용 장갑**

동물의 귀를 들여다볼 수 있는 **이경**

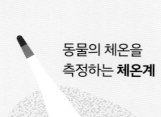

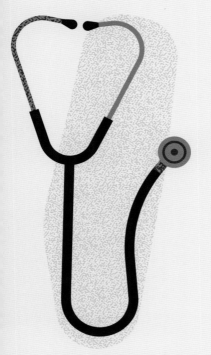

동물의 체온을 측정하는 **체온계**

동물의 심장과 폐의 소리를 들을 수 있는 **청진기**

동물의 눈을 들여다볼 수 있는 **검안경**

동물에게 필요한 약의 분량을 계산하는 **계산기**

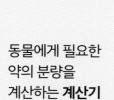

동물의 1분당 심박수를 세는 **시계**

이 도구들을 사용하여 수의사는 동물이 **어디가 아픈지** 찾고 **치료하기 위해 노력**해요.

수의사는 동물을 어떻게 치료할까?

수의사는 형사와 비슷한 면이 있어요. 동물은 자신의 기분이 어떤지, 어느 부분이 아픈지 말할 수 없으므로 수의사의 첫 번째 임무는 동물의 문제가 무엇인지 알아내는 거예요. 이를 '진단 검사(진단 내리기)'라고 해요.

진단 검사(진단 내리기)는 시간이 걸리고 **많은 검사**가 필요할 수 있어요.

수의사는 **주인과 많은 대화**를 해요. 여러 질문을 하면서 진단에 필요한 매우 중요한 정보를 찾을 수 있기 때문이에요.

진단을 내린 수의사의 다음 임무는 **병을 치료**하는 거예요! 동물에게 약을 줄 수도 있고 **수술**을 해야 할 수도 있어요.

또한, 수의사는 동물이 병에 걸리지 않도록 예방해요. **매년 건강 검진**을 해서 병을 미리 발견할 수 있도록 하며 **예방 접종**도 실시해요. 예방 접종은 동물의 몸이 세균이나 바이러스 감염과 싸울 수 있도록 돕는 주사예요.

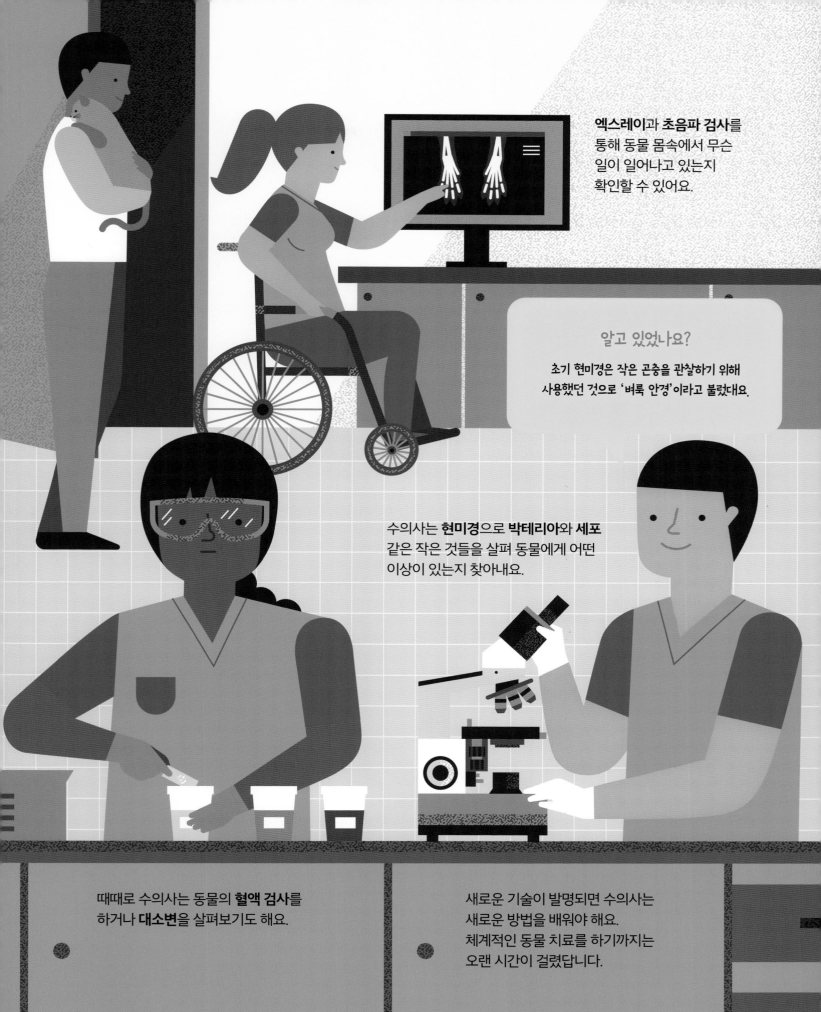

엑스레이과 **초음파 검사**를 통해 동물 몸속에서 무슨 일이 일어나고 있는지 확인할 수 있어요.

알고 있었나요?

초기 현미경은 작은 곤충을 관찰하기 위해 사용했던 것으로 '벼룩 안경'이라고 불렀대요.

수의사는 **현미경**으로 **박테리아**와 **세포** 같은 작은 것들을 살펴 동물에게 어떤 이상이 있는지 찾아내요.

때때로 수의사는 동물의 **혈액 검사**를 하거나 **대소변**을 살펴보기도 해요.

새로운 기술이 발명되면 수의사는 새로운 방법을 배워야 해요. 체계적인 동물 치료를 하기까지는 오랜 시간이 걸렸답니다.

수의학의 역사

인간은 수천 년 동안 동물을 키워 왔어요. 동물과 함께 살아온 시간만큼,
사람들은 아픈 동물을 치료하는 일에 오랫동안 관심을 가졌답니다.

최초로 기록된 수의사는
우르루갈레디나예요. 고대
메소포타미아에서 살았고
사원에 제물로 바쳐지는
동물을 관리했어요.

소에게 여러 번의 질병이
발생한 후 소에 대한 첫 번째
백신 접종이 이루어졌어요.

최초의 동물병원은 인도의 황제였던
아소카 왕이 지었어요.

기원전 3000년 **기원전 500~300년**   **기원전 265~238년**   **1300년대**   **1761년**   **1879년**

아리스토텔레스와 알크마이온 같은 그리스
철학자들은 동물에 관해 연구해 동물학의
기초를 마련했어요.

과거 수의학의 초점은 전쟁과 운송에
사용되던 말에 맞춰져 있었어요. 대부분의
치료는 말굽을 만들고 장착하는 '장제사'에
의해 이루어졌어요.

프랑스 리옹에 세계
최초의 수의학 대학이
설립되었고 말, 양, 소를
중점적으로 다루었어요.

개와 고양이가 반려동물로 인기가
높아지면서 일부 수의사는 소형
동물을 전문적으로 치료하기
시작했어요.

제2차 세계대전 중에 많은 반려동물이
버려졌어요. 영국의 버스터 로이드 존스는
전쟁 후 동물병원을 차려 버려진 동물을
돌보았어요.

미국 출신의 수의사 루이스 J. 카무티는
고양이만을 대상으로 하는 최초의 고양이
전문 수의사가 되었어요.

| 1900년대 | 1922년 | 1939~1945년 | 1960년대 | 1980년대 | 1990년대 |

알렌 커스트는 영국
왕립 수의과 대학에서
수의사로 인정받은
최초의 여성이에요.

제약 회사들이 새로운
동물 의약품을 다량으로
생산하기 시작했어요.

동물병원이 도시에서
일반화되었어요. 반려동물을
동물병원으로 데려가 치료하게
되었죠.

알고 있었나요?

50년 전에는
수의사 대부분이 남성이었어요.
하지만 지금은 여성 수의사가
더 많답니다.

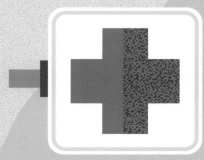

수의사는 어떻게 될 수 있을까?

수의사가 되려면 인내심 있고 친절하며 문제 해결에 적극적이어야 해요. 또한, 수의사는 때로 슬픈 일을 겪을 수 있어서 감정을 잘 관리해야 해요. 많이 늙거나 심각한 병을 앓고 있는 동물과 작별해야 할 때는 마음이 아플 수 있으니까요. 주변에 마음이 힘들 때 이야기할 수 있는 좋은 사람들이 있다면 좋겠죠?

수의사가 되는 데 관심이 있다면, 아마도 동물을 사랑할 것이고 그렇다면 동물과 많은 시간을 보내는 **경험을 좋아할** 거예요. 동물과 함께 시간을 보내는 방법은 여러 가지가 있어요.

지역 유기견 보호소에서
유기견 산책 **봉사하기**

자기 **반려동물** 돌보기

농장에서
젖 짜는 체험 해 보기

지역 말 훈련소에서
말의 털 손질 체험하기

양 떼 목장 방문하기

수의사 대부분은
수의사 훈련을 시작하기 전에
최소 10주 동안 동물과 관련된
업무 경험을 해요.

여러분은 동물을 사랑하고
문제 해결을 위해 노력하며
사람들과 대화하고 이야기
듣는 걸 좋아하나요?
그렇다면 수의사가 되기에
아주 적합한 자질을 갖추고
있네요! 하지만 먼저 많은
훈련이 필요하답니다.

수의사는 무엇을 배워야 할까?

수의사가 되려면 많은 공부가 필요해요. 대학의 수의과에 가면 수의사들이 알아야 할 모든 것을 가르쳐요.
그러나 수의과에는 성적이 우수한 학생들만 입학할 수 있어요. 따라서 학교에서 열심히 공부하는 것이 중요해요.

수의사에게 가장 중요한 과목은 **생리학**, **생화학** 그리고 **약리학**이에요. 생리학은 동물의 생명 현상과 각 기관의 기능을 배우는 과목이에요. 생화학은 생명체를 구성하는 물질과 그 물질들의 화학적 변화를 가르쳐 줘요. 약리학은 약물의 작용과 효과 등을 배우는 과목이지요.

수의과에 가면 처음에는 **동물의 몸이 어떻게 움직이고 연결**되어 있는지에 대해 배워요. 동물의 신체 구조가 어떻게 서로 작용하여 건강을 유지하는지 배우지요. 따라서 **기억해야 할 정보**가 많고 **강의**를 열심히 들어야 해요. **실제 동물**을 관찰하기도 해요.

알고 있었나요?

개는 각각 다른 이름을 가진 약 350쌍의 근육이 있어요. 배워야 할 새로운 단어들이 정말 많아요!

그다음에는 '임상 과정'을 거쳐요. 임상 과정은 수습 수의사가 **약물이 어떻게 작용**하는지 배우고, 상처 봉합, 혈액 채취와 같은 **외과 기술**을 실습하고, 엑스레이과 초음파를 사용해 **동물의 몸속을 살펴**보는 수련이에요.

또한, 죽은 동물의 몸을 해부하여 각각의 장기에 대해서도 배워요. 마지막으로, **주인에게 동물에 대해 친절하고 상냥하게 설명**하는 방법을 배웁니다.

수년간의 수련을 마치고 나면, 이제 어떤 종류의 수의사가 될지 결정해야 해요.

소형 동물 수의사는 무슨 일을 할까?

소형 동물 수의사는 주로 개, 고양이, 토끼, 기니피그, 햄스터, 새와 같은 **반려동물**을 치료해요. 소형 동물 수의사는 **주인과 대화**하는 데 능숙해야 하며, 반려동물이 아플 때 주인의 **걱정을 덜어 줄 수** 있어야 해요.

주인은 **접수처나 대기실**에서 동물의 진료 순서를 기다려요.

반려동물을 입양하는 것은 큰 결정이에요. 때때로 사람들은 가족이 되기에 적합한 동물을 찾기 위해 수의사에게 **조언**을 구하기도 해요. 새 반려동물이 도착하면 대부분의 가족은 먼저 동물병원에 데리고 가요.

첫 방문 시에는 수의사가 **상담실**에서 반려동물의 코부터 꼬리까지 세밀하게 검진해요. 반려동물을 잃어버렸을 때 추적할 수 있도록 동물의 피부 아래 전자 **'마이크로칩'**을 삽입할 수도 있어요.

또한 반려동물이 질병에 걸리는 것을 막기 위해 **예방 접종**을 하고, 성장을 기록하기 위해 몸무게를 측정한답니다.

구충제나 치료제 등 반려동물에게 필요한 **약**을 지어 주기도 해요.

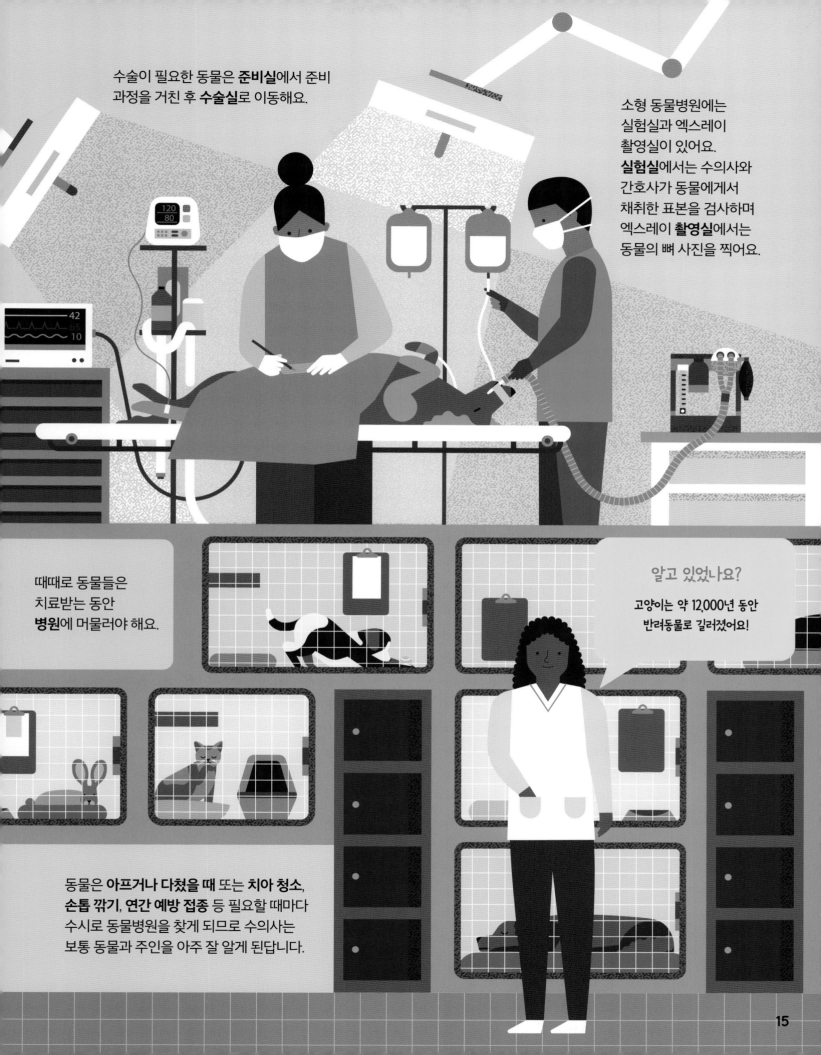

수술이 필요한 동물은 **준비실**에서 준비 과정을 거친 후 **수술실**로 이동해요.

소형 동물병원에는 실험실과 엑스레이 촬영실이 있어요. **실험실**에서는 수의사와 간호사가 동물에게서 채취한 표본을 검사하며 엑스레이 **촬영실**에서는 동물의 뼈 사진을 찍어요.

때때로 동물들은 치료받는 동안 **병원**에 머물러야 해요.

알고 있었나요?

고양이는 약 12,000년 동안 반려동물로 길러졌어요!

동물은 **아프거나 다쳤을 때** 또는 **치아 청소, 손톱 깎기, 연간 예방 접종** 등 필요할 때마다 수시로 동물병원을 찾게 되므로 수의사는 보통 동물과 주인을 아주 잘 알게 된답니다.

대형 동물 수의사는 무슨 일을 할까?

대형 동물을 다루는 수의사는 크게 두 가지 유형이 있어요. 농장 동물 수의사는 양, 돼지, 염소, 소 등을 돌보고, **말 수의사**는 말과 당나귀를 돌봐요. 대형 동물 수의사는 종종 **'이동 진료'**를 하기도 하는데 이것은 운전해서 **직접 동물이 있는 곳을 방문**한다는 뜻이에요. 이들은 날씨와 상관없이 진료하므로 진료가 끝나면 옷이 매우 더러워질 수 있어요.

대형 동물 수의사는 소의 임신 여부를 파악하고 새끼를 낳는 것부터 말의 발과 치아를 검사하는 것까지 많은 일을 해요.

대형 동물 수의사는 차에 많은 도구와 장비를 가지고 다녀요.

동물의 뼈 사진을 찍을 수 있는 **휴대용 엑스레이 기기**

마구간이나 현장에서 쓸 수 있는 **수술 장비**

더러워진 말의 발을 청소하기 위한 **쇠 주걱**

수술 전 소독을 위한 **양동이**

말의 이빨을 다듬는 **줄**

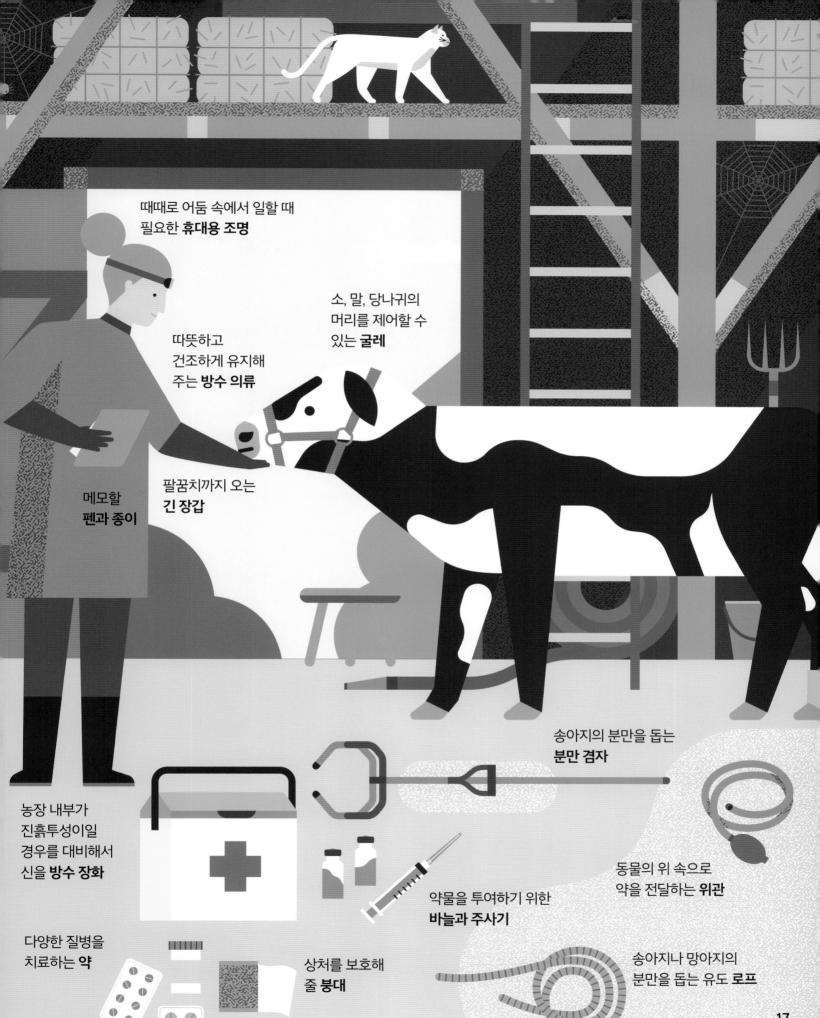

때때로 어둠 속에서 일할 때
필요한 **휴대용 조명**

소, 말, 당나귀의
머리를 제어할 수
있는 **굴레**

따뜻하고
건조하게 유지해
주는 **방수 의류**

메모할
펜과 종이

팔꿈치까지 오는
긴 장갑

송아지의 분만을 돕는
분만 겸자

농장 내부가
진흙투성이일
경우를 대비해서
신을 **방수 장화**

동물의 위 속으로
약을 전달하는 **위관**

약물을 투여하기 위한
바늘과 주사기

다양한 질병을
치료하는 **약**

상처를 보호해
줄 **붕대**

송아지나 망아지의
분만을 돕는 유도 **로프**

17

더 특별한 동물은 누가 돌볼까?

특수 동물 수의사는 반려동물로 키우는 거북이, 도마뱀, 앵무새, 뱀과 같은 동물을 돌봐요. 이 동물들은 생존을 위해 매우 특별한 조건이 필요한 경우가 많아요. 이러한 조건을 제공하는 것을 '사육 관리'라고 불러요. 특수 동물 수의사는 반려동물을 건강하게 키우기 위해 주인에게 올바른 사육 관리 방법을 알려 줘요.

해마

거북이

앵무새

도마뱀

뱀

고슴도치

아홀로틀(도롱뇽과의 하나)

동물원 수의사는 고릴라와 사자에서부터 타란툴라에 이르기까지 **동물원에서 사육되는 모든 동물**을 돌봐요.
일부 동물원에는 자체 수의사가 있고 동물원에 의약품, 수술실이 마련되어 있어요.
그 이외에는 필요할 때마다 수의사가 방문해요.
동물원 수의사는 모든 종류의 다양한 동물에 대해 알아야 하므로 **끊임없이 공부**해야 해요.
동물원 수의사가 돌보는 동물 중 일부는 **위험해서** 진찰하기 전에 잠들 수 있도록 약을 투여해야 한답니다.

동물원 수의사의 일상을
알아볼까요?

동물원에 새로 들어온 동물의 건강 상태 확인하기

동물이 심각한 질병에
걸리지 않도록 **예방해
주는 백신** 접종하기

동물원을 떠나는 동물의
건강 상태 확인하기

때때로 동물원에 살던 동물이 죽을 수도 있는데, 이때
수의사는 '**사후 검시**'라고 부르는 과정을 통해 동물의
몸속을 살펴봐요. 수의사에게 슬픈 일이지만, 해당 동물의
특성과 사망 원인에 대해 **더 많은 것을 아는 방법**이에요.

배설물 표본 수집은
동물에게 가까이 가지
않고도 건강 상태를 확인할
수 있는 좋은 방법이에요.

알고 있었나요?

동물원 수의사는
동물의 배설물을 통해 동물 건강 상태를
파악하고 번식 관리도 할 수 있어요.

수의사는 또 어떤 곳에서 일할까?

동물의 질병이 특히 심각하거나 복잡할 경우, 위탁 동물병원으로 보낼 수 있어요. 위탁 동물병원에서 일하는 수의사는 일반적으로 동물 신체의 특정 부분을 치료하는 전문가예요.

정형외과 전문의는 동물의 부러진 뼈를 치료해요.

놀랍게도 뱀은 다른 어떤 동물보다 뼈가 많아요.

심장병 전문의는 동물의 심장에 생긴 병을 치료해요.

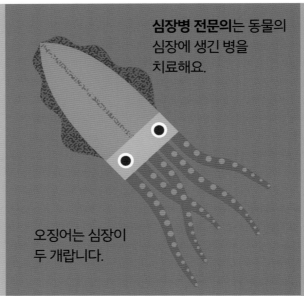

오징어는 심장이 두 개랍니다.

안과 의사는 동물의 눈을 치료하는 전문가예요.

갈라고는 어둠 속에서도 볼 수 있는 커다란 눈을 가지고 있어요.

피부과 전문의는 동물의 피부에 발생하는 문제를 전문적으로 치료해요.

개구리는 피부를 통해 숨을 쉴 수 있어요.

신경과 전문의는 동물의 뇌와 신경계에 관해 진료하고 치료해요.

큰돌고래는 인간보다 더 큰 뇌를 가지고 있어요.

동물의 치아를 치료하는 수의사도 있어요.

바다코끼리 엄니는 최대 1m까지 자랄 수 있어요.

수의사는 특정 유형의 동물을 전문적으로 다룰 수도 있어요.

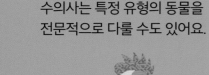

가금류 수의사는 주로 닭을 치료해요.

조류 전문 수의사는 새를 치료해요.

낙타과 수의사는 낙타, 라마와 알파카를 치료해요.

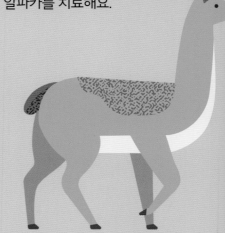

일부 수의사는 **드라마나 영화**에 나오는 동물의 처우와 건강 상태를 확인하는 일을 해요.

때때로 수의사는 고기를 얻기 위해 동물을 도살하는 **도살장**을 방문하는, 매우 당혹스러운 일을 해야 해요. 수의사가 이러한 장소를 방문하여 동물이 도살되기 전에 문제는 없는지, 고기를 사람들이 먹어도 안전한지 확인하는 것은 정말 중요해요.

반려동물 식품 회사는 수의사를 고용하여 식품에 적절한 성분이 포함되어 있는지 확인해요.

정부를 위해 일하는 수의사는 동물을 보호하고 안전하게 지키는 법을 만들기 위해 노력해요.

일부 수의사는 **실험실**에서 많은 동물의 생명을 구할 수 있는 의약품과 질병에 관해 연구해요.

우리는 또한 미래의 수의사가 될 여러분을 **가르칠** 능력 있는 수의사도 필요하답니다!

알고 있었나요?

군대에는 군견과 군마 등 군용 동물을 돌보는 수의장교가 있어요. 수의장교는 군내 동물의 건강과 복지를 책임져요.

어디에서 일하든 수의사는 동물의 생명을 지키는 매우 중요한 직업이에요.

동물 관련 직업에는 어떤 것이 있을까?

수의사는 동물을 위해 다양한 사람들의 도움을 받아요.
어떤 사람들이 있을까요?

미용사는 동물을 깔끔하고 청결하게 유지해 줘요. 때때로 동물의 귀가 더럽다거나 발톱이 부러지는 등의 문제를 발견하기도 하는데 이는 질병의 징후일 수 있어요. 이럴 때는 주인에게 동물병원에 가 보라고 조언해요.

알고 있었나요?

이집트 시대에는 말의 편자를 동물의 가죽으로 만들었지만 지금은 금속으로 만들어요.

동물 훈련사는 동물의 행동 방식을 이해하는 전문가예요. 건강한 동물이 이상하게 행동하는 경우 동물 훈련사가 도움을 줄 수 있어요.

장제사는 말발굽 전문가예요. 말의 발굽을 관리하고 말의 발굽에 붙이는 U자 모양의 편자를 만들어 장착해요.

수의 간호사는 수의사를 도와 동물에게 주사를 놓고 혈액 표본을 채취하고 상처에 붕대를 감고 수술의 원활한 진행을 도와요. 무엇보다 가장 중요한 것은 동물에게 많은 사랑과 애정을 주는 전문가라는 사실이에요.

수의 임상 병리사는 동물의 혈액, 소변, 대변, 조직 등을 분석해 질병 진단 및 치료에 필요한 정보를 줘요.

동물 물리 치료사는 수의사와 협력하여 움직이는 데 문제가 있는 동물을 도와요. 개가 수중 러닝머신을 달리게 하는 것에서부터 말의 허약한 다리를 마사지하는 것까지 이들의 목표는 동물이 고통 없이 움직이는 거예요.

23

사람과 동물을 안전하게 지키고 싶나요?

그렇다면 수의사 말고도 다양한 직업이 있어요.

경찰을 돕는 말과 개를 전문적으로 훈련시키는 훈련사가 있어요.
경찰견과 기마대가 운영되어 다양한 임무를 수행하고 사람들의
안전을 지켜요.

일부 개는 안내견, 탐지견
또는 치료견으로 길러져요.
동물 훈련사는 개들이 임무를
성공적으로 수행하는 데 필요한
특별한 기술을 가르치지요.

동물 보호 활동가는 동물 학대를 조사하고
학대받는 동물을 구조하며 동물 복지에
관한 업무를 담당해요.

야생 동물을 다시 야생으로 돌려보내기 전에 특별한 치료가 필요할 때도 있어요. **야생 동물 재활 치료사**는 야생 동물들이 건강하고 안전하게 야생으로 돌아갈 수 있도록 치료해요.

동물 보호소는 버려진 동물들이 새로운 가족을 기다리는 동안 안전한 장소를 제공해요. **동물 보호소의 직원**은 동물들에게 목욕, 먹이, 운동, 놀이 등을 제공할 뿐 아니라 관심과 사랑으로 보살펴요.

반려동물을 대신 산책시키거나 돌봐줄 사람이 필요할 때 **반려견 산책 도우미(도그워커)**와 **반려동물 돌보미(펫 시터)**에게 도움을 받아요.

야외 활동을 즐기나요?

그렇다면 이런 직업에 도전해 보세요.

농부가 되는 것은 단순한 직업 이상으로 많은 노력이 필요해요.
농부는 보통 농장에서 일하며 밤낮으로 동물을 돌봐요.

농부는 동물에게 먹이를 주고 이동시키고 젖소의 우유를
짜는 등 농장의 모든 일을 도맡아 관리해요.

말 사육사는 말에게 먹이를 주고,
마구간을 청소하고, 털을 손질하는 등
말을 돌보는 모든 일을 해요.

양봉가는 벌을 돌보는 일을
해요. 벌은 우리에게 꿀을
제공할 뿐만 아니라 많은
꽃식물의 수분을 돕는 매우
중요한 곤충이에요.

동물원에는 일반적으로 많은 **자원봉사자**들이 있어요.

동물원 사육사는 동물원에 있는 동물을 돌봐요. 동물원 사육사는 보통 수족관이나 파충류관과 같이 특정 종류의 동물을 맡아서 관리해요.

기수는 경마 경주에서 말을 타는 사람이에요. 보통 매우 작고 가벼운 체격을 가지고 있어요.

연습 기수는 경주가 없는 동안 말의 체력을 유지하기 위해 말을 타는 사람이에요. 기수를 도와 말과 호흡을 맞춰요.

승마 강사는 사람들에게 말 타는 법을 가르쳐요.

말 조련사는 사람이 탈 수 있도록 말에게 명령을 이해하고 행동하는 법을 가르쳐요.

야생 동물을 돌보는 일은 어떨까?

자연 속에서 활동하는 더 특별한 직업을 꿈꾼다면 이런 직업이 있어요.

동물 행동학자들은 '현장에서' 일하면서 우리가 동물에 관해 더 많이 알 수 있도록 동물과 그 환경을 연구합니다.

어류학자는
물고기, 상어 등 물속에
사는 어류를 연구해요.

조류학자는 새를
전문으로 연구해요.

파충류학자는
양서류와 파충류 전문가예요.

영장류학자는 여우원숭이, 원숭이
그리고 고릴라, 침팬지 같은 영장류를
대상으로 연구해요.

곤충학자는
곤충을 연구해요.

**야생 동물 다큐멘터리
감독**이나 **사진 작가**는
수개월 동안 야생에서
동물을 관찰하며, 원하는
장면을 필름에 담기 위해
기다려요.

멸종 위기에 처한 동물을 보호하기 위해서는 구조 센터에서 동물을 돌보고 야생으로 돌려보내는 데 도움을 줄 수 있는 **수의사**, **동물학자**와 **자원 봉사자**가 필요해요.

밀렵이 심각한 문제인 국가에서는 **밀렵 방지 대원**들이 불법 사냥꾼에 의해 동물이 희생되지 않도록 보호해요.

사파리 가이드는 사람들을 놀라운 야생 공간으로 안내하고 그곳에 사는 동물에 관해 이야기해 줘요.

자연 보호 구역 관리인은 야생 지역을 관리하며 적절한 보호가 잘 이루어지고 있는지 확인해요.

다이브 마스터는 스쿠버 다이빙을 통해 사람들에게 바다 밑에 사는 놀라운 생명체를 보여 줘요.

29

더 특별한 동물 관련 직업은 어떨까?

동물과 환경을 사랑하고 여러분의 열정을 많은 사람과 공유하고 싶다면 **작가**나 **동물 유튜버**가 될 수도 있어요.

최근에 발견된 동물의 새로운 정보를 설명하거나 잘 알려진 정보를 더 새롭고 흥미롭게 보여 줄 수도 있으며, 새로운 종에 관해 설명할 수도 있지요.

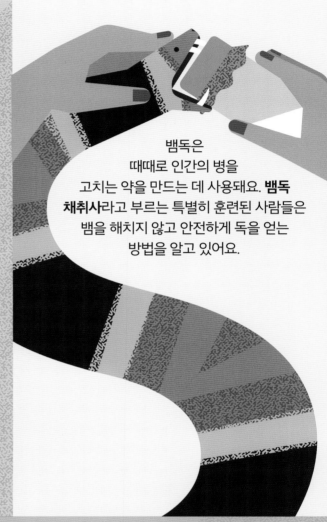

뱀독은 때때로 인간의 병을 고치는 약을 만드는 데 사용돼요. **뱀독 채취사**라고 부르는 특별히 훈련된 사람들은 뱀을 해치지 않고 안전하게 독을 얻는 방법을 알고 있어요.

동물 자선 단체는 멸종 위기에 처한 동물 서식지를 보호하는 것에서부터 학대받는 반려동물을 구조하는 것에 이르기까지 많은 일들을 해요. 하지만 자금이 충분하지 않으면 이러한 자선 단체는 계속 운영될 수 없어요. **기금 모금가**들은 이러한 자선 단체가 좋은 일을 계속할 수 있도록 자금을 모으는 힘든 임무를 맡고 있어요.

기부증서

기부자명: 홍길동 　　　금액: 100,000원

동물 보호 및 치료 지원에 함께 응원해 주시고
소중한 마음을 나눠 주셔서 깊은 감사를 드립니다.

2024년 10월 7일
사단법인 동물○○단체

버그 랭글러는 영화나 다큐멘터리 촬영 시 곤충이나 작은 동물들을 다루는 전문가예요. 특정 곤충이나 동물의 생태를 자연스럽게 카메라에 담기 위해 버그 랭글러의 전문적인 기술과 지식이 필요해요.

동물 병리학자는 동물의 질병에 관심이 있어요. 동물이 죽은 후 사체를 관찰하여 질병의 원인을 찾아낼 수 있는지 살펴보거나 각종 검사 등 질병 예방을 위해 일해요. 보통 많은 동물의 생명을 구할 수 있는 신약 개발에 참여해요.

동물을 사육할 때는 주변을 그들이 원래 살던 자연 서식지와 비슷하게 만드는 것이 중요해요. **동물원 디자이너**는 동물이 동물원을 집처럼 편안하게 느낄 수 있도록 만들어요.

31

제스 프렌치(Jess French) 글
제스는 모든 동물들과 동물들이 사는 자연환경을 사랑하는 수의사예요. 동물과 함께 사는 자연환경을 보호하기 위해 우리 모두가 열심히 노력하는 것이 매우 중요하다고 생각하기 때문에 환경 보호를 실천할 수 있는 방법에 대해 연구하고 책을 써요. 제스는 자신의 책을 읽는 멋진 아이들과 동물, 환경을 위해 무엇을 할 수 있을지 늘 고민해요. 때로는 눈 표범을 검사하고 악어의 뱃속을 들여다보기도 해요. 영국 방송사 BBC가 운영하는 CBebies에 출연하고 동물과 자연에 관심이 있는 학교 그룹의 선생님이기도 해요.
https://nosycrow.com/contributor/dr-jess-french/

솔 리네로(Sol linero) 그림
부에노스아이레스 출신의 일러스트레이터이자 그래픽 디자이너예요. 책, 퍼즐, 보드북, 메모리 게임과 같은 어린이용 제품에 아름다운 그림을 그렸어요. 에어비엔비, 포터리반 키즈, 유니세프 및 오프라, 제이미 올리버, 와이어드, 워싱턴 포스트와 함께 일했어요.
https://nosycrow.com/contributor/sol-linero/

박정화 옮김
단국대학교 대학원에서 영문학을 전공하고 동대학원에서 영문학 박사 학위를 받았어요. 현재 단국대학교에서 강의를 하면서 어린이책 번역가로 활동하고 있어요. 옮긴 책으로 「시니 소마라 박사가 들려주는 직업 이야기 시리즈」 『돌아온, 할머니는 도둑』 『물은 소중해요』 『플라스틱은 왜 지구를 해칠까요?』 『폭풍우 치는 날: 만화로 배우는 기후 이야기』 등이 있어요.

여러분도 할 수 있어요!

수의사가 되거나 동물과 함께 일하고 싶다면 할 수 있는 일이 많아요.
지역 동물 보호소나 구조 센터에 연락하거나, 동물 보호 단체에 가입할 수도 있고,
직접 동아리나 클럽을 만들어 여러분이 살고 있는 지역의 동물에 관해 배우고 돌볼 수도 있어요.
우선, 여러분에게 정말 필요한 것은 동물과 그들이 사는 세상에 대한 관심과 사랑입니다!
아래 사이트에서 정보를 얻을 수 있어요.

청소년 수의사 클럽 https://wvs.org.uk/youngvetsclub
세계야생생물기금 https://www.wwf.org.uk
내셔널 지오그래픽 키즈 https://www.natgeokids.com

대한수의사협회 https://www.kvma.or.kr
한국수의과대학협의회 http://www.kavmc.org/